AF232266

NOTICE GÉNÉALOGIQUE

SUR LA

MAISON DE BOURDEILLE

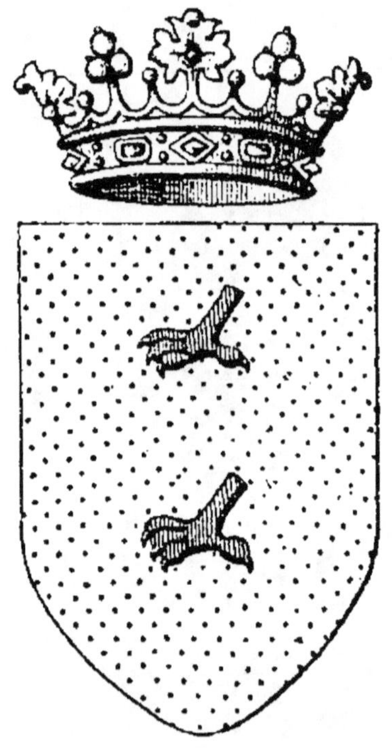

PARIS

IMPRIMERIE BOURDET & HÉZARD, 20, RUE CLER

1892

NOTICE GÉNÉALOGIQUE

SUR LA

MAISON DE BOURDEILLE

SUIVIE

des Lettres Patentes de 1609

érigeant la BARONNIE d'ARCHIAC en MARQUISAT

EN FAVEUR DU

VICOMTE HENRI DE BOURDEILLE

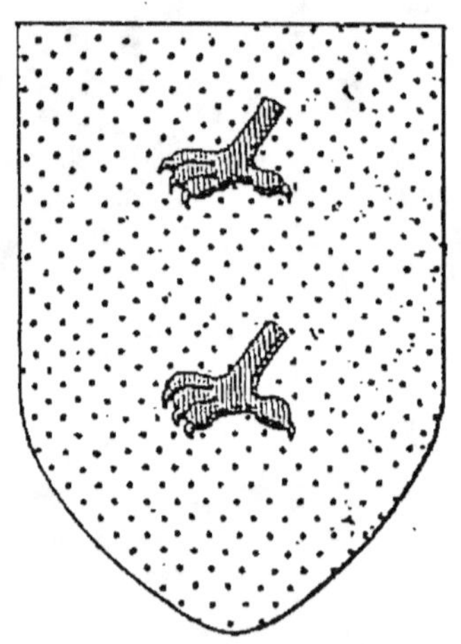

PARIS

REPRODUCTION RÉSERVÉE

1892

MAISON DE BOURDEILLE

L'origine de la Maison de Bourdeille, une des plus illustres de la chevalerie française, se perd dans la nuit des temps et, s'il faut en croire les anciens auteurs, elle serait de souche royale, antérieurement aux Mérovingiens. Son auteur serait Nicanor, sixième fils de Marcomir IV, roi des Francs, en l'an 127 de l'ère chrétienne. Nicanor aurait épousé Tiloa Bordelia, dénommée Athilda par quelques-uns, fille du roi d'Angleterre. Appelé par les Aquitains pour les aider à secouer le joug des Romains, il serait venu près de Bordeaux avec une armée navale; mais, favorisés par une affreuse tempête, les Romains l'auraient empêché de débarquer et l'auraient contraint de s'éloigner des côtes.

Il se serait alors réfugié dans une île que les habitants avaient abandonnée parce qu'elle était infestée d'animaux sauvages, notamment de griffons, quadrupèdes fantastiques ayant le bec, les serres et les ailes de l'aigle. Pour occuper ses guerriers, Nicanor en entreprit la destruction et y réussit, mais non sans perdre beaucoup de monde. Ayant tué le plus grand et le plus furieux de ces monstres, il lui trancha les deux pattes de devant et reçut, en mémoire de cet acte de vaillance, le surnom de "GRIFFON". Telle serait l'origine des armes de la Maison de Bourdeille.

Brantosme (1), dans une généalogie écrite en entier de sa main, dont l'original existe dans les archives du château de Bourdeille, relate aussi cette alliance, mais avec le père de Nicanor. Il dit, en effet :

____

(1) Brantosme ayant invariablement écrit ce nom de cette façon, nous pensons que cette orthographe doit être celle adoptée.

« *Iceluy Marcomir, ainsin qu'il est rap-*
« *porté par Thomas des Columnes, fut marié*
« *avecques Athilda Bordilla, fille du roy*
« *d'Angleterre, de laquelle il eust sept en-*
« *fans masles : Clodomir, qui fust roy après*
« *luy; Marcomir, Clogio, Francus, Méro-*
« *dacus, Nicanor et Odomare.* »

Les légendes de cette nature, quelque discutables qu'elles soient, ne démontrent pas moins combien l'antiquité de la famille qu'elles concernent était accréditée.

Les auteurs du XIIe siècle font mention des seigneurs de Bourdeille. Ils disent qu'Aymond et Angelin de Bourdeille brillaient à la cour de Charlemagne et que le grand empereur, en fondant l'abbaye de Brantosme, la mit sous leur protection (1). Ils disent encore que cet Angelin de Bourdeille portait l'*Oriflamme* à la bataille de Roncevaux

---

(1) Froissard.

et périt glorieusement en la défendant.

Quoi qu'il en soit, et ce qui n'est pas contestable, c'est que la très illustre Maison féodale de Bourdeille a le rare avantage de remonter, sans interruption, par actes authentiques, les degrés de sa filiation jusqu'à la moitié du onzième siècle, ainsi qu'en font foi les titres de toutes sortes, dont le premier est un hommage rendu à Géraud de Gourdon, évêque de Périgueux, le 9 Mars 1044, par Hélie, 1er sire de Bourdeille, acte relaté dans le *Gallia-Christiana*, t. II, col. 1462; et le deuxième, un acte royal de l'an 1066 en faveur de ce même Hélie et dont l'original se trouve dans les archives du château de Bourdeille.

Les sires de Bourdeille paraissent avec tous les caractères des plus grands seigneurs : ils possèdent de vastes domaines; ils ont des chevaliers pour vassaux; ils fondent et dotent des abbayes et les prennent sous leur protection; ils lèvent des troupes pour leur propre compte, déclarent la guerre aux souverains, livrent des batailles et prennent des places : c'est à ces traits qu'on reconnaît les *Chevaliers bannerets.*

Cette Maison chevaleresque, dont les membres sont titrés : "PREMIERS BARONS DU PÉRIGORD" (1), Vicomtes, Comtes de Montrésor par lettres patentes de 1627, puis enfin Marquis par lettres patentes du 4 Mai 1609, dont l'original se trouve dans les archives du château de Bourdeille, est l'une des plus anciennes de la province de Périgord, où elle a occupé de tout temps une haute situation à la tête de la noblesse. Elle a été admise aux honneurs de la cour le 4 Avril 1771, en la personne de *Henri*-Joseph, comte de Bourdeille, grand-père du chef actuel de la famille.

Elle a fourni plusieurs croisés. D'abord

---

(1) Décision des États-Généraux assemblés à Nontron en 1574.

Pierre de Bourdeille, dont la présence en Palestine est constatée par une charte du Saint-Sépulchre de Jérusalem en 1149, dans laquelle il paraît comme témoin. Ensuite, un Hélie de Bourdeille dont la présence en Terre-Sainte est aussi constatée par une charte de 1168. Puis, Hélie VI, seigneur de Bourdeille, chevalier, qui suivit saint Louis en Palestine en 1248. Tombé gravement malade au siège de Damiette, il fit, le 6 Décembre 1249, son testament, dont l'original se trouve dans les archives du château de Bourdeille : c'est cette pièce qui a servi pour l'admission de la famille au musée des Croisades du château de Versailles.

Hélie VI de Bourdeille ne mourut pas à Damiette et revint en France, où il trouva son château et ses terres envahis par son oncle Bozon de Bourdeille. Il dût, afin d'en reprendre possession, se liguer avec le vicomte de Limoges pour faire la guerre à l'usurpateur. Hélie avait épousé Agnès d'Albret, dont il eut quatre enfants, ce qui est prouvé par son testament, postérieur à celui de Damiette, daté du 14 Décembre 1270, qui est aussi dans les archives du château de Bourdeille. Cet Hélie entra dans la milice du Temple vers 1280.

Un autre Hélie de Bourdeille avait aussi certainement pris part aux croisades, car il était *Maitre du Temple* de Soulet en 1260 et, en cette qualité, il abandonne, à cette date, au seigneur de Villebois, les droits que les Templiers avaient à Brenac ; or, à cette époque, tout Templier avait indubitablement pris part aux croisades, et surtout un Commandeur.

Guy de Bourdeille, chevalier de Saint-Jean de Jérusalem, fut tué à la prise de Rhodes par les Turcs, en 1522. Gautier de Bourdeille, son frère, chevalier de Rhodes, y perdit un œil ; il fut ensuite pourvu des commanderies de Cours et de Coubin et décoré grand'croix de l'Ordre.

La Maison de Bourdeille a donné : de nombreux religieux ; plusieurs évêques, entre autres, François de Bourdeille qui ordonna prêtre, en 1600, saint Vincent de Paul dans la chapelle de Saint-Julien, devenue aujourd'hui l'église paroissiale de la commune de Château-l'Évêque, près Périgueux ; un archevêque-cardinal, Hélie de Bourdeille, aussi renommé par son savoir et son crédit à la cour de Charles IX que par sa piété et ses vertus, mort en odeur de sainteté ; et l'Église gardera de ce saint prélat un souvenir inoubliable pour la défense courageuse qu'il a pris des droits du pape et du clergé contre la Pragmatique-Sanction promulguée par Louis XI. Cette Maison a encore donné : des chevaliers de Malte ; des capitaines de 50, 100 et 200 hommes d'armes ; un grand nombre de lieutenants généraux des armées du roi, de sénéchaux et de gouverneurs de Périgord ; des chevaliers des ordres du roi ; un commandeur de l'ordre du Saint-Esprit ; enfin, plusieurs écrivains renommés à divers titres : André, comte de Bourdeille et Claude de Bourdeille, comte de Montrésor, qui ont laissé des écrits militaires très estimés, et Pierre de Bourdeille, plus connu sous le nom de Brantosme, le mémoriographe incomparable.

Parmi les autres membres qui ont illustré cette Maison, il faut citer :

Hélie VIII, sire de Bourdeille et coseigneur de Brantosme, un des plus preux chevaliers de son temps, qui, à Loches, le 14 Janvier 1346, donne quittance d'un subside que le duc de Normandie et de Guienne lui avait octroyé pour l'indemniser de ses pertes au siège de Bergerac. La quittance est scellée de son sceau (1).

____

(1) Clairambault. *Sceaux*, t. CXLII, p. 2901.

Archambaud Ier, seigneur de Bourdeille, époux de Gaillarde Vigier, dame de la Tour-Blanche, donna des preuves éclatantes de son loyal attachement au roi Charles V dans les guerres nationales contre les Anglais. Il soutint, avec une héroïque valeur, dans son château de Bourdeille, un siège de neuf semaines contre toute l'armée anglaise commandée par les comtes de Cambridge et de Pembrocke, qui ne parvinrent à s'en emparer que par stratagème. Le valeureux chevalier, ruiné par la guerre et par sa généreuse fidélité à la fortune de la France, ne recouvra son château et ses domaines que lorsque Charles V rentra en possession du Périgord ; ce qui est prouvé par une ordonnance de réintégration rendue au nom du roi le 9 Avril 1375 par le connétable du Guesclin, et dont l'original est dans les archives du château de Bourdeille.

Arnaud Ier de Bourdeille, chevalier, sénéchal de Périgord, fait montre de sa compagnie de 50 arbalétriers à cheval les 1er Juillet et 1er Août 1420, à la Tour-Blanche (1). Jean, son quatrième fils, fut armé chevalier au siège de Fronsac par le comte de Dunois.

Jean de Bourdeille, seigneur d'Ardelay, gentilhomme ordinaire de la chambre du roi et colonel de dix enseignes de Gascons, *« homme distingué par sa bonne mine et par sa valeur »*, dit l'historien de Thou, fut tué au siège de Chartres, en 1568, d'une arquebusade qui lui traversa la tête. Le roi voulut que, par honneur, on lui élevât un monument dans l'église cathédrale de Chartres. Le Chapitre feignit d'abord d'obéir à ses ordres ; mais, dès la nuit même, il fit transporter son corps, qui y avait été déposé, dans une autre église de la ville, n'y ayant jamais

---

(1) Bibli. natio., Manus. *Pièces orig.*, p. 13-16.

eu aucune sépulture dans la cathédrale (1).

Pierre de Bourdeille, seigneur et abbé de Brantosme, donne le 25 Mars 1569, au trésorier de l'épargne, quittance d'un don que le roi lui a fait. C'est le très célèbre écrivain connu sous le nom de BRANTOSME. Il était abbé commandataire de l'abbaye de Brantosme, chevalier de l'ordre du Roi, gentilhomme de sa chambre, chambellan du duc d'Alençon, capitaine de deux enseignes de gens de pied, chevalier de l'ordre du Christ de Portugal. Il reçut plusieurs blessures au siège de La Rochelle, en 1573, et mourut, âgé de quatre-vingts ans environ, le 6 Juillet 1614. Avant de se faire écrivain, il suivit avec distinction la carrière des armes et s'attacha tout particulièrement à Charles IX, et surtout à Catherine de Médicis, pour laquelle il avait un véritable culte. Déçu dans ses projets et ses

(1) D'Hozier, *l'Impôt sur le sang*, t. I, p. 267-268.

espérances, il prit en grippe tout le monde et toutes choses et pensait même à s'expatrier lorsqu'un grave accident de cheval, qui le rendit presque impotent, lui fit changer ses résolutions. Il quitta la Cour pour se retirer dans le château de Richemont, qu'il s'était fait construire, et commença à déverser un peu de sa colère dans les écrits qu'il dictait à son secrétaire, pour les relire ensuite et les corriger de sa main. Telle est l'origine de ses célèbres mémoires et l'explication des traits mordants qui s'y trouvent çà et là. Ces mémoires se trouvent, en originaux, dans les archives du château de Bourdeille. Ils démontrent de la façon la plus certaine que les œuvres publiées, et possédées par le public, ne sont qu'une reproduction *incomplète et défigurée;* d'ailleurs, malgré les affirmations contraires, jamais les manuscrits originaux n'ont été à la disposition d'aucun éditeur.

Par lettres patentes du 4 Mai 1609, Henri IV,

pour reconnaître les services signalés de Henri Ier vicomte de Bourdeille, chevalier des ordres du Roi, et ceux de ses pères, érigea la terre d'Archiac en MARQUISAT. Le titre original se trouve dans les archives du château de Bourdeille (1).

Le 9 Mai 1622, Claude de Bourdeille, baron de Mastas, chevalier de l'ordre du Roi, capitaine de 50 hommes d'armes, mestre de camps d'un régiment d'infanterie, fut blessé au siège de Royan d'un coup de pique au bras, puis d'un coup de canon, dont il mourut sur le coup.

Henri, son fils, comte de Mastas, capitaine aux gardes, fut tué en 1636 au passage du pont de Bray-sur-Somme. Ses deux autres fils, François et Barthélemy de Bourdeille, également capitaines aux gardes, furent tués

---

(1) Ces lettres patentes renferment une faveur assez rare pour qu'il paraisse très intéressant d'en donner la reproduction littérale à la suite de cette notice.

à l'ennemi, l'un, en 1639, à la défense de Quiers, l'autre, en 1640, au siège de Turin.

François vicomte de Bourdeille, seigneur de Brantosme, dernier rejeton de la branche aînée, conseiller du Roi en ses conseils d'État et privés, sénéchal, gouverneur et lieutenant général de Périgord, leva à ses frais, pendant la minorité de Louis ~~XIV~~, quatre régiments de cavalerie et deux d'infanterie. D'une loyauté à toute épreuve, il fit toujours passer ce qu'il considérait comme son devoir avant ses intérêts : « *C'est ainsi*, dit Brantosme
« dans ses Grands Capitaines, *que, ne vou-*
« *lant pas correspondre totalement aux des-*
« *seins de la Cour, il aima mieux, pour ne*
« *pas violer sa parole, refuser le brevet de*
« *Duc et Pair, souffrir même la distraction*
« *de son gouvernement et rendre le collier*
« *des Ordres que d'arrêter le prince de Condé,*
« *qui passait à Périgueux accompagné seu-*
« *lement de douze personnes.* »

Antoine de Bourdeille, seigneur de la Salle, fut dispensé de servir à l'arrière-ban en raison de ses blessures.

Henri-Joseph comte de Bourdeille, menin de Louis XVI, colonel du régiment d'Orléans infanterie, fut blessé à la bataille d'Ettingen, en 1743.

Henri-Joseph-*Claude* de Bourdeille, après avoir servi avec distinction dans les mousquetaires, entra dans les ordres, devint abbé commandataire de la Très-Sainte-Trinité de Vendôme et fut pourvu, en 1762, du siège épiscopal de Soissons. Il protesta avec une noble énergie, en 1790, contre la loi du régime du clergé votée par l'Assemblée nationale, refusa de prêter le serment civique et fut imité par une grande partie des prêtres de son diocèse. Obligé de fuir pour échapper aux dangers qui le menaçaient, il adressa sa démission au Pape à l'époque du Concordat et se retira à Paris où il mourut.

Les alliances de la Maison de Bourdeille sont des plus illustres et des plus considérables. On y trouve des filles des Maisons souveraines et princières d'Albret, par laquelle Barthélemy de Bourdeille était proche parent de Henri IV, de Bretagne, de Flandre, de Laval, du Maine, de Nemours, de Savoie, de Vendome. On y voit encore les : Abzac, Apellevoisin, Archiac, Aubeterre, Beaumont, Beaupoil de Saint-Aulaire, Biron, Broglie, Caumont, Chabannes, Chabans, Coninck de Merckem, Craon, Cropte de Chantérac, Damas, Émé de Marcieu, Esparbès, Estampes, Gontaut, La Chastre, La Garde, Lévis, Mareuil, Montbron, Mastas, Pérusse des Cars, Prévost-Sansac de Touchimbert, Saint-Geniez, Talleyrand, Vivonne, Vogt d'Hunolstein, et bien d'autres.

La Maison de Bourdeille a eu cinq branches principales : la branche *aînée*, la branche de *Mastas*, qui est devenue la branche aînée, la branche de *Montagrier*, la branche des *Bernardières* et la branche de *Montancey*. Toutes sont éteintes à l'exception de celle de *Mastas* qui a pour chef actuel :

Hélie-Louis-Charles-Gustave *Marquis de* Bourdeille, chef du nom et des armes, né le 12 Juillet 1823, fils de *Joseph*-Marie-Amand marquis de Bourdeille, décédé en 1845, et de Blanche-Adélaïde-*Eudoxie* Émé de Marcieu, décédée en 1864, qu'il avait épousée le 22 Août 1822, et petit-fils de *Henri*-Joseph comte de Bourdeille, qui périt sur l'échafaud le 25 Juillet 1794, victime de la Terreur, et de sa troisième femme, *Marie*-Jacquette de Beaumont.

De son mariage à Paris, le 2 Octobre 1856, avec Marie-Léontine-*Alix* de Galz de Malvirade, née en 1830, le marquis Hélie de Bourdeille a quatre enfants, savoir :

1. Pauline-Alexandrine-Marie-Alix-*Jeanne* de Bourdeille, née en 1858, mariée le 24

Février 1880, à Paris, avec *Charles*-Léopold-Auguste baron de Coninck de Merckem, sénateur du royaume de Belgique et bourgmestre de Merckem, officier de l'Ordre de Léopold, dont postérité ;

2. *Henri*-Nicolas-Joseph-Marie-Hélie comte de Bourdeille, né en 1859 ;

3. *Claire*-Antoinette-Aglaée-Marie-Eudoxie de Bourdeille, née en 1861, mariée le 27 Juin 1892, à Paris, avec *Joseph*-Antoine-Marie-Gabriel vicomte de Chabannes, second fils de *Amable*-Marie-Laurent marquis de Chabannes du Verger, et de *Marguerite*-Louise-Marie-Anne de Bourbon-Busset, décédée en 1870 ;

4. Léon-Marie-Édouard-*Roger*-Hélie vicomte de Bourdeille, né en 1863.

Le marquis de Bourdeille a une sœur unique, *Marie*-Eugénie de Bourdeille, religieuse de l'ordre de Notre-Dame du Cénacle, née en 1832.

ARMES : D'or, à deux membres de griffons de gueules, onglés d'azur, posés en contre-bande, l'un sur l'autre.

COURONNE : De marquis.

SUPPORTS : Deux griffons au naturel.

DEVISES : 1 So voulour mo donnat l'iffer (1).

2 Cil galé, emmy lestour (2).

3 Nul ne vaincra le vainqueur des griffons.

CRI DE GUERRE : Faulsé ! Faulsé ! (3).

---

(1) *Sa valeur me fait damner.*
(2) *Comme le coq, il se réjouit des combats.*
(3) *En avant ! En avant !*

LETTRES PATENTES D'ÉRECTION

DE LA

BARONNIE D'ARCHIAC EN MARQUISAT

EN FAVEUR DU

Vicomte HENRI DE BOURDEILLE, en Mai 1609

A PERPÉTUITÉ

———— ✳ ————

Henry, par la grace de Dieu roy de France et de Navarre, à tous présens et à venir, salut. Sçavoir faisons, que nous désirans gratiffier et favorablemen traicter, aultant qu'il nous sera possible, nostre amé féal, conseiller en nostre conseil d'estat, chevalier de nostre ordre, séneschal et gouverneur en nostre païs de Périgord, Henry de Bour-deille, vicomte du dit lieu, seigneur des ba-ronnyes et chastellenyes de la Tour-Blanche et Archiac, en considération des bons et recommandables services qu'il nous a rendus en plusieurs importantes occasions, et faire passer jusques à sa postérité la gratiffication que nous luy voulons faire, et ne sçachant ung moyen plus à propos qu'en érigeant quelqu'une de ses dites terres en honnorable titre.

A CES CAUSES et autres à ce nous mouvans avons de noz grace spécial plaine puissance et auctorité royal créé et érigé, créons et érigeons par ces présentes la dite baronnye et chastellenye d'Archiac tenue et mouvante de nous à foy et hommage lige, à cause de nostre comté de Xainctonge et pont de Xainctes, en Marquisat, pour jouir par luy du titre et qualité de marquis, ses successeurs *masles et ayant cause* de marquis et *femelles* de marquises, plainement et perpétuellement, d'aultant que nous voulons, de la même auctorité que dessus, que le dit marquisat soit transmissible et puisse estre aussy bien tenu par femelles comme par masles sans que l'on puisse, au moyen des ordonnances cy devant faictes par noz prédécesseurs, prétendre le dit marquisat debvoir estre uny et incorporé au domaine de nostre couronne advenant extinction de masles et tombant en femelles, voulant que le dit seigneur de Bourdeille, soit masles et femelles qui luy succederont se puissent dire, nommer, appeller et instituer tant en jugeman qu'en dehors marquis d'Archiac et les femelles marquises et jouissent de pareilz droictz, auctorités, privilaiges, prééminances en tous actes dont jouissent et ont accoustusme jouir les autres marquis et marquises de nostre royaulme, et que les vassaulx, arrière vassaulx et toûs autres, tans tenans nobleman qu'en roture de la dite baronnye d'Archiac, quand à l'advenir feront les foys et hommages, ils bailleront leurs adveux desnombremens et déclarations de leurs terres et

debvoirs d'eulz au dit seigneur de Bourdeille
à cause de sa dite baronnye et à tous ses
successeurs masles soubz le nom de marquis et femelles soubz le nom de marquises,
et tous leurs actes et recognaisçances po-
pulaires pour marquis et marquises, selon
que le dit marquisat tumbera ez mains de
masles ou femelles, sans toutefois que pour
la dite baronnye soient tenuz à autres charges
et debvoirs qu'ilz ont estés ordinaire et pa-
ravant la dite érection. VOULONS EN OULTRE
que la justice y soit administrée soubz le
titre de Marquisat à peyne de nullité de pro-
cédures, ET DONNONS EN MANDEMENT à nos améz
et féaulx conseillers que gens tenans nostre
cour de parlement à Bourdaulx, chambre de
noz comptes à Paris, par tenans notre siège
présidial à Xainctes ou leurs lieutenans et autres noz justicyers officiers et sugectz et à cha-
cun d'eux en droict soy si comme à luy appartiendra. Que de nostre présente création et

érection du dit marquisat et de tout le contenu de ces présentes ils facent, souffrent et laissent le dit seigneur de Bourdeille, ses hoirs masles et femelles et ayant cause, jouir et user plainement et perpétuellement sans en ce leur faire mettre ou donner, ne souffrir estre faict mis ou donner ores ni pour le temps advenir aucun trouble ou empescheman, au contraire, et ces dites présentes affin de perpétuelle mémoire facent lire, publier et enrégistrer en noz dites cour de parlement de Bourdaulx, chambre des comptes de Paris et partout ailleurs où il appartiendra, car tel est nostre bon plaisir, nonobstant quelz conques édictz, ordonnances, instructions, mandemans, deffances et autres choses à ce contraires. Et, affin que ce soit chose ferme et stable à tous jours, nous avons faict mettre nostre scel à ce titre présent, sauf en autres choses nostre droict et l'aultruy en toutes.

Donné à Paris au moys de May l'an de grâce mil six cent neuf et de nostre règne le vingtiesme.

HENRY.

Par le Roy,

Loménie.

Registrées suyvant l'arrest de la cour donné à Bourdaulx (Bordeaux) en parlement, le premier jour du moys de Juin mil six cent neuf.

Depontac.

Contentor,

Lecoq.